ers HSK3

E collection o . Chinese culture and civilization. It is ideal for readers of all ages. The books are carefully edited and contain a wealth of activities and numerous illustrations to capture the essence of the topics. The books include Chinese-Pinyin-English glossaries to promote and guide comprehension.

HSK 1-2

Cristina Zhao - Micol Biondi, 北京欢迎你, *Welcome to Beijing*

HSK 2

Wong Hocheng - Micol Biondi, 我在中国的暑假, *My Summer in China*

FSC
www.fsc.org
MIX
Paper from responsible sources
FSC™ C127663

The FSC™ certification guarantees that the paper used in these publications comes from certified forests, promoting responsible forestry management worldwide.

ECO-LIBRIS
www.ecolibris.net

For this series of ELI graded readers, we have planted 5000 new trees.

Cosetta Tolu – Li Wei

中国传说
Chinese Legends

Illustrated by Toni Demuro

ELI Chinese Graded Readers

中国传说
Chinese Legends
Cosetta Tolu – Li Wei
Illustrated by Toni Demuro

ELI Chinese Graded Readers
Founder and Series Editors
Paola Accattoli, Grazia Ancillani, Daniele Garbuglia (Art Director)

Graphic Design
Airone Comunicazione - Sergio Elisei

Layout
Airone Comunicazione

Production Manager
Francesco Capitano

P.O. Box 6
62019 Recanati MC
Italy
T +39 071750701
F +39 071977851
info@elionline.com
www.elionline.com

Typeset in 11,5 / 15 Monotype Dante

Printed in Italy by Tecnostampa – Pigini Group Printing Division –
Loreto, Trevi – ERC 302.01

ISBN 978-88-536-2695-0

First edition: March 2019

www.eligradedreaders.com

目录 Contents

These icons indicate the parts of the story that are recorded: **Start** ▶ **Stop** ■

故事及人物

盘古开天地

女娲造人

女娲补天

仓颉造字

神农尝百草

精卫填海

夸父追日

愚公移山

牛郎织女

嫦娥奔月

1. 盘古开天地

▶ 2

在西方人们说天地和人是上帝造的，可是你们知道在中国人们是怎么说的吗？

中国人说很久很久以前，没有天，也没有地，只有一个很大的蛋，里面住着一个又高又大的人，叫盘古。盘古在蛋里睡觉，渴了喝点鸡蛋里的蛋白，饿了吃点蛋黄，又高兴又舒服。他就这样睡了很多年。

盘古一天天长大，蛋对他来说越来越小，他觉得很不舒服。有一天，盘古把他的一颗牙拔了下来，变成一把斧子，用斧子砍破了蛋，从蛋里出来了。盘古很高兴能从蛋里出来。

盘古 Pángǔ *Pangu*
上帝 Shàngdì *God*
造 zào *to create*
很久 hěn jiǔ *a long time*
牙 yá *tooth*
拔 bá *to take away, to extract*
变成 biànchéng *to become*
斧子 fǔzi *axe*
砍破 kǎnpò *to break*

蛋里轻的东西慢慢地飞上去变成了天，重的东西慢慢地沉下来变成了地。可是天和地总是想合在一起。

为了不让天和地合在一起，盘古就站在天和地的中间，用手撑着天。他飞快地长啊长，天和地也就越离越远，不会合在一起了。可是那时候，天上什么都没有，没有云，没有太阳，没有月亮，也没有星星。地上没有花，没有树，没有动物，也没有颜色。

盘古看着自己做的工作，高兴得笑了，觉得很满意。可是，经过这么长时间，盘古太累了，非常想睡觉，所以倒了下来，永远地睡着了。

沉 chén *to crash, to collapse*
合 hé *to join*
撑 chēng *to support*
云 yún *cloud*
倒 dǎo *to fall*
永远 yǒngyuǎn *forever*

慢慢地，盘古的身体变了。他的呼吸变成了风和云，声音变成了雷，一只眼睛变成了太阳，另一只眼睛变成了月亮。盘古的汗变成了雨，头发和胡子变成了星星，盘古的身体变成了山，血管变成了路，血变成了江河和湖泊，肉变成了土，牙变成了石头，皮肤和汗毛变成了花草树木，盘古身体上的虱子也变成了小动物：狗，猫，牛，马，羊，鱼……。这样就有了我们现在漂亮的世界，有红色的花，有绿色的草，有会飞的小鸟，有会游的鱼，有会跑的小鸡和小马……。

变 biàn *to change*
呼吸 hūxī *breath*
雷 léi *thunder*
汗 hàn *sweat*
胡子 húzi *beard*
血管 xuèguǎn *blood vessel*
血 xuè *blood*
湖泊 húpō *lakes*
石头 shítou *stone*
皮肤 pífū *skin*
汗毛 hànmáo *hairs*
虱子 shīzi *louse*

Activities
练习

1. Answer the following questions.

回答问题

1. 盘古是谁？
2. 盘古住在哪里？
3. 盘古怎么从蛋里出来的？
4. 天和地为什么没有合在一起？
5. 盘古死 sǐ (to die) 后，发生 fāshēng (to happen) 了什么？

2. What did the parts of Pangu's body give rise to?

盘古的身体变成了什么？

1. ☐ 眼睛
2. ☐ 牙
3. ☐ 血管
4. ☐ 声音
5. ☐ 汗
6. ☐ 汗毛和皮肤
7. ☐ 头发
8. ☐ 呼吸
9. ☐ 血
10. ☐ 身体

a. thunder
b. rain
c. mountains
d. roads
e. stones
f. the sun and the moon
g. rivers and lakes
h. the stars
i. the wind and clouds
j. grass, flowers and trees

3. Read and match the words to the correct picture, then write them in pinyin.

读词语选图片

1. ☐ 太阳
2. ☐ 花草树木
3. ☐ 湖泊
4. ☐ 月亮
5. ☐ 牙

a. 

....

b. 

....

c. 

....

d. 

....

e. 

....

4. Complete the sentences with the missing words.

选词填空

越	长大	世界	不舒服	越

1. 盘古一天天 ....，蛋对他来说越来越小，他觉得很 ....。
2. 天和地也就 .... 离 .... 远，不会合在一起了。
3. 没有盘古，就没有这个.................。

5. Decide if the following sentences are true (T) or false (F).

判断正误

1. 盘古是一只小鸡。 ☐
2. 盘古用脚踢破了蛋。 ☐
3. 蛋破了以后，轻的东西飞上去了，重的东西往下沉了。 ☐
4. 盘古用手撑着天。 ☐
5. 盘古的眼睛变成了星星。 ☐

女娲造人

▶3 盘古造了世界以后，天和地变得非常漂亮：天上有白云在风里飘来飘去，也有很多快乐的小鸟在云里飞来飞去。

晴天的时候，白天有红红的太阳，夜里有黄黄的月亮，还有那些眼睛一眨一眨的星星。

阴天的时候，天上的云变成黑色的，雨从天上落下来，地上的小草、花和树都能喝饱水，快快乐乐地成长。

地上也有了春夏秋冬。春天时，小草绿了，花儿开了，蝴蝶和蜜蜂在花儿里飞来飞去。夏天时，树上长满了各种颜色的水果，让小动物们吃个饱。秋天时，树上的叶子有的变黄了，有的变红了，一片片落在地上。冬天时，小草和大树都睡着了，没有了颜色，但是，天上会落下一朵朵白色的雪花，把大地装扮成一个白色的世界。

女娲 Nǚwā *Nüwa*
飘 piāo *to float*
夜里 yèli *at night*
眨 zhǎ *to wink*
落 luò *to fall*
蝴蝶 húdié *butterfly*
蜜蜂 mìfēng *bee*
叶子 yèzi *leaf*
装扮 zhuāngbàn *to disguise oneself*

世界很漂亮，可是没有人。看到这些，女娲— 一位漂亮的女神，决定用泥巴做一些人。

她拿来了很多土，加上水，做成泥巴，又用泥巴做了很多和她一样的人，有男人，也有女人。

她工作了很久，可是做出来的人还是太少了。于是，女娲找来一根藤子，她拿着藤子把泥巴搅起来，挥向空中。泥巴落下来，也变成了一个个的人。他们又唱又跳，把女娲叫妈妈。

有了这么多孩子，女娲很高兴。她让男人和女人结婚，生孩子，这样世界上就永远都会有人了。

女神 nǚshén *goddess*
泥巴 níbā *mud*
加 jiā *to add*
于是 yúshì *so*
藤子 téngzi *stick*
搅 jiǎo *to mix*
挥 huī *to disperse*

Activities
练习

1. Answer the following questions.
回答问题

1. 女娲是谁？
2. 世界很漂亮，但是有什么问题？
3. 女娲是用什么造的人？

2. Put the sentences in the correct order.
整理句子

a. ☐ 女娲找来了一根藤子，把泥巴搅起来了，挥向空中。
b. ☐ 女娲决定用泥巴做一些人。
c. ☐ 盘古造了世界以后，天和地变得非常漂亮了。
d. ☐ 泥巴落下来了，变成了一个个的人。
e. ☐ 女娲工作很久，可是人还是太少了。

3. What happens in the four seasons? Complete the table.
春天、夏天、秋天、冬天的时候怎么样？填表

春天	
夏天	
秋天	
冬天	

女娲补天

4

女娲造了人以后，她的这些孩子们在大地上快快乐乐地生活。他们饿了可以吃树上新鲜的水果，渴了可以喝河里的水。草地上开着漂亮的鲜花，树林里住着会唱歌的小鸟和其他快乐的小动物。天、地、人和动物，没有痛苦，只有快乐。

可是有一天，出了一件大事。那时候有两个又大又高的神，一个是水神共工，一个是火神祝融。他们两个都很高大，也很有力气。有一天，共工和祝融打起来，共工打不过祝融，非常生气，他一头撞在不周山上。不周山撑着天。共工撞了山以后，山倒了，天也就倒了，还有一个很大的黑洞，从里面刮出来的风很冷。太阳、月亮和星星也沉到山后面去了。

补 bǔ *to patch up*
生活 shēnghuó *to live*
痛苦 tòngkǔ *pain, suffering*
共工 Gònggōng *Gonggong*
祝融 Zhùróng *Zhurong*
力气 lìqi *strength*
打起来 dǎqǐlai *to start to fight*
打不过 dǎbuguò *to be unable to defeat*
撞 zhuàng *to hit hard*
不周 Bùzhōu *Buzhou*
洞 dòng *hole*

为了补上这个洞，让自己的孩子过上好日子，女娲开始想办法。她找了很多五颜六色的石头，有红色的、绿色的、黄色的、蓝色的和黑色的。她把石头放在锅里烧，火很大，锅里很热，石头慢慢地融化了，变成了五颜六色的糊。女娲杀了一只很大的乌龟，用它的四条腿撑着天，然后把五色石做的糊拿去补天。女娲工作了很久，最后，终于把天补好了。

黑洞补上了，太阳出来了，大地上的花开了，草和树木又绿了。月亮也出来了，晚上人们出门可以看见路了。

女娲高兴极了，她的孩子们又能高高兴兴地生活了，他们的家又和以前一样漂亮了。

锅 guō *pot*
烧 shāo *to cook*
融化 rónghuà *to melt*
糊 hù *mixture*
杀 shā *to kill*
乌龟 wūguī *tortoise*

Activities
练习

1. Answer the following questions.

回答问题

1. 共工和祝融是谁？
2. 不周是什么？
3. 天上怎么有了一个大洞？
4. 女娲怎么补天的？

2. Put the words into the correct order to make sentences.

连词成句

1. 树林　唱歌　住着　小鸟　会　里　的

 ....

2. 五颜六色　女娲　烧　放　锅　把
 的　里　在　石头

 ....

3. 她的孩子们　天　高高兴兴地　女娲
 能　以后　补好了　生活　又　了

 ....

4. 天　一　女娲　撑着　只　用　乌龟

 ....

3. Look at the picture on page 19 and tell the story briefly.

看图说故事

End of Chapter Activities

单元练习

1. Answer the following questions.

回答问题

1. 盘古和女娲是谁？
2. 盘古造了什么？怎么造的？
3. 女娲造了什么？用什么造的？怎么造的？
4. 女娲为什么要补天？

5 **2. Dictation: Listen to the recording and write down the characters.**

听写：请认真听录音，写出录音的内容

3. Read and match the words to the correct picture, then write them in pinyin.

读词语选图片

1. □ 蝴蝶
2. □ 新鲜的水果
3. □ 蛋
4. □ 乌龟
5. □ 鸟

a. 

....

b. 

....

c. 

....

d. 

....

e. 

....

4. Look at the picture and tell the story briefly.

看图说故事

5. Give personal answers to the following questions.

回答问题

1. 你以前听过这些故事吗？你觉得这些故事有意思吗？
2. 你最喜欢哪个故事？
3. 你还知道别的中国传说吗？如果知道，请介绍一下。
4. 西方人说世界和人是谁造的？
5. 你以前见过女娲的画像吗？请你上网看一看：她还有什么样的身体？西方传说里也有和她一样的女人吗？介绍一下。

2. 仓颉造字

▶ 6

四千多年前，在中国有个部落首领，中国人把他叫黄帝，黄帝手下有个人叫仓颉。仓颉的工作是把发生的事情都记下来。仓颉有四只眼睛，他很聪明，记了很多很多事情，是部落里非常重要的人。

后来，部落越来越大，部落里的人越来越多，每天都有人找他，给他很多东西，吃的，或者是用的，也拿走很多东西。

仓颉也越来越忙，要记的事情也越来越多，真的是太难了！慢慢地，仓颉记不住那么多事情了。

仓颉 Cāngjié *Cangjie*
部落 bùluò *tribe*
首领 shǒulǐng *chief*
黄帝 Huángdì *Yellow Emperor*
发生 fāshēng *to happen*
记下来 jìxiàlai *to memorise*
记不住 jìbuzhù *to be unable to remember*

那个时候，没有笔，没有纸，也没有汉字，所以你可能会说："那怎么办呢？我们得帮助仓颉。"

别担心，仓颉有办法。和其他远古时候的人一样，他用绳子 打结帮助自己记住越来越多的事情。如果是个小事就打个小结，大事就打个大结。可是后来这样也没有作用了。仓颉有点着急了，他每天都在想："有什么好办法可以记住这么多事呢？"

有一天，他和朋友们一起出去狩猎，看到地上有动物和鸟的脚印。他想，看到这些脚印人们就可以知道有什么动物从这里走过，为什么我不能用这样的方法记住事情呢？回去以后，仓颉画了很多符号，终于发明出了汉字。

远古 yuǎngǔ *ancient times*
绳子 shéngzi *rope*
打结 dǎ jié *to make a knot*
狩猎 shòuliè *to hunt*
脚印 jiǎoyìn *footprint*
方法 fāngfǎ *method*
符号 fúhào *symbol*
发明 fāmíng *to invent*

Activities
练习

1. Decide if the following sentences are true (T) or false (F).

判断正误

1. 仓颉是黄帝最好的朋友。 ☐
2. 仓颉很聪明，能记住很多事情。 ☐
3. 为了记住越来越多的事情，仓颉用纸和笔。 ☐
4. 仓颉看到鸟的脚印就想到了一个好主意。
   zhǔyi (idea) ☐
5. 汉字是仓颉发明的。 ☐

2. Complete the text with the following words.

选词填空

发明	动物	符号	脚印	记住

有一天，仓颉看到地上有动物和鸟的脚印。他想，看到这些 **1.** .... 人们就可以知道有什么 **2.** .... 从这里走过，为什么我不能用这样的方法 **3.** .... 事情呢？回去以后，仓颉画了很多 **4.** ....，终于 **5.** .... 出了汉字。

3. Match each word to its meaning.

读词语并连线

1. ☐ 发明 — **a.** to invent
2. ☐ 发生 — **b.** symbol
3. ☐ 符号 — **c.** to happen

神农尝百草

▶ 7 黄帝的时候还有一个部落首领叫炎帝，中国人认为他们两人是中国人的祖先，而且把自己叫“炎黄子孙”。

炎帝还有个名字叫神农，因为他特别会种地。他对大家很好，教他们种粮食、菜和水果。如果他们不舒服了，炎帝就是他们的医生，给他们看病，告诉他们吃什么草可以治病，给他们吃草药。

那时候，地里有很多草，也有很多花，还有很多树。它们中的很多都可以吃，但是不是每种都可以治病，所以需要有人去认识它们，选择它们中的一些，吃下去，然后看看会不会有作用。

神农 Shénnóng *Shennong*
尝 cháng *to taste*
炎帝 Yándì *Yandi*
祖先 zǔxiān *ancestors*
子孙 zǐsūn *descendants*
种地 zhòng dì *to grow*
粮食 liángshi *cereals*
看病 kàn bìng *to visit*
治病 zhì bìng *to cure*

传说炎帝的肚子是透明的，吃了东西以后，可以看见这些东西在肚子里怎么动。

为了治好人们的病，炎帝常常去找能治病的各种草。可是他也不知道这些草是不是可以吃，对身体好不好，所以他就一种一种地尝，然后记下来这些草的作用。

尝各种草很危险。有时候炎帝吃完草觉得很舒服，他就知道这种草有治病的作用。可是有时候吃了以后，他的肚子特别疼，他就知道这种草有毒，不能吃。如果草太毒了，他会很多天都不舒服，还会有危险。

一天，炎帝吃了有毒的草，觉得肚子疼，就在一棵树下烧水。树上的叶子落了下来，掉在他的锅里。炎帝喝了有树叶的水，看到这种水在他肚子里，把他的肚子洗干净了，身体也马上好了。炎帝明白了，这种树的叶子能解毒。这就是我们今天的茶叶。

传说 chuánshuō *legend; they say that*
肚子 dùzi *abdomen*
透明 tòumíng *transparent*
动 dòng *to move*
危险 wēixiǎn *dangerous*
有毒 yǒu dú *poisonous*
掉 diào *to fall*
解毒 jiě dú *to disintoxicate*

Activities
练习

1. Complete the table.

填表

汉字	拼音	意思
		stomach
治病		
传说		
	kàn bìng	
		to move

2. Choose a, b or c to complete the sentences.

完成句子

1. 中国人把自己叫
   a. “炎黄儿子” **b.** “炎黄子孙” **c.** “炎黄父母”
2. 炎帝教中国人
   a. 做饭 **b.** 写字 **c.** 种地
3. 炎帝尝了很多种草是为了
   a. 给人们治病 **b.** 知道每种草的味道 **c.** 知道每种草好吃不好吃
4. 炎帝的肚子
   a. 很大 **b.** 特别疼 **c.** 是透明的
5. 炎帝明白了茶叶
   a. 很不好吃 **b.** 对身体很好 **c.** 有毒

End of Chapter Activities

单元练习

1. Answer the following questions.

回答问题

1. 黄帝和炎帝是谁？
2. 炎帝还叫什么名字？为什么？
3. 仓颉是谁？他发明了什么？
4. 神农怎么发现有些草有毒，有些草有治病作用的？
5. 哪种叶子能解毒？

2. Who did what?

谁做什么？

种地　画符号　尝草
治病　看动物和鸟的脚印

仓颉	神农

8 3. Listen and match each adjective to the picture that represents it best. Then write them in pinyin.

给图片搭配相应的词语

1. ☐ 危险
2. ☐ 有毒
3. ☐ 着急
4. ☐ 透明
5. ☐ 聪明

a.

....

b.

....

c.

....

d.

....

e.

....

4. Look at the picture and tell the story briefly.

看图说故事

5. Translate the following sentences into Chinese.

翻译句子

1. One day Cangjie went hunting with some friends and saw that on the ground there were some footprints of animals and birds.
2. The Chinese believe that Huangdi and Yandi are their ancestors.
3. During Huangdi's time, there wasn't any paper and there weren't even any pens.
4. Not all herbs are poisonous.
5. After tasting the herbs, Yandi sometimes didn't feel well at all.

3. 精卫 填海

▶ 9

远古的时候，炎帝有个女儿叫女娃，长得非常漂亮，她有又黑又长的头发，又大又可爱的眼睛。女娃很喜欢去海里玩，喜欢在海里游泳，也喜欢在海上划船。

有一天早上，天气很晴，天上一点云都没有，也没有风，不冷也不热。女娃很想去海边玩，去那里游泳。

这一天，海边很安静，海面蓝蓝的。女娃到了海边，一会儿游泳，一会儿在沙滩上晒太阳。热了，就去海里玩水，累了，就在沙滩上睡一会儿觉。

女娃还带了很多吃的东西，她把自己的东西分给海里的小鱼和海边的水鸟吃，这些小动物都是女娃的朋友，和他们在一起，女娃觉得很快乐。

精卫 Jīngwèi *Jingwei*
填(平) tián (píng) *to fill up*
女娃 Nǚwá *Nüwa*
划 huá *to row*
沙滩 shātān *beach*
晒 shài *to sunbathe*

这么好的天气，可以出海去玩玩。女娃划起自己的小船，在海上越划越远。她把船停在海面上，在船上睡着了。

突然，天气变了，天上都是黑云，一会儿，下起了大雨，又打雷，又闪电，大浪一个又一个打过来。女娃开始害怕了，可是没有人能帮助她。她大声地叫爸爸和妈妈，可是他们太远了，听不见。女娃的船翻了，她掉在水里，死了。

女娃死了以后，变成了一只小鸟，不停地叫着“精卫、精卫”，所以人们就叫它精卫鸟。它的头是花的，嘴是白色的，脚是红色的，跟女娃以前穿的衣服和鞋的颜色一样。精卫特别恨大海，所以每天都把石头和树枝往海里扔，想把大海填平。■

停 tíng *to anchor, to stop*
打雷 dǎ léi *to thunder*
闪电 shǎndiàn *to flash with lightning*
浪 làng *wave*
翻 fān *to capsize*
死 sǐ *to die*
恨 hèn *to hate*
树枝 shùzhī *branch*
扔 rēng *to throw*

Activities
练习

1. Answer the following questions.

回答问题

1. 女娃是谁？
2. 女娃在海边做什么？
3. 有一天发生了什么事？
4. 女娃死了以后变成了什么？
5. 精卫为什么想把大海填平？

2. Match the words to the correct picture, then write them in pinyin.

读词语选图片

1. ☐ 闪电
2. ☐ 游泳
3. ☐ 黑云
4. ☐ 晒太阳
5. ☐ 划船

....

....

....

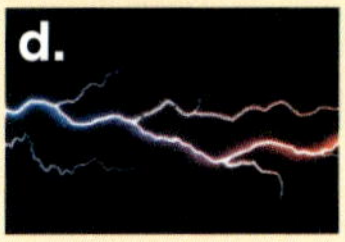

....

....

3. Decide if the following sentences are true (T) or false (F).

判断正误

1. 女娃是一只小鸡。 ☐
2. 女娃很喜欢去海边。 ☐
3. 女娃很喜欢和小动物在一起。 ☐

夸父追日

▶ 10

在很久以前，有个巨人叫夸父。他很高，很有力气，也跑得很快。夸父是个非常好的人，他的邻居和朋友都喜欢他。

那个时候，太阳每天晚上都落到西边山的后面，没有太阳的时候人们就不能出去，特别是冬天，夜晚又长又黑。

人们害怕黑夜，他们请太阳不要回家睡觉，但是太阳工作一天后觉得很累，想回家洗个澡，躺在自己舒服的床上好好休息休息。所以太阳什么也没说就走了，人们都觉得很失望。

夸父是这些人的首领，他希望他的人民可以过好日子，所以想让太阳一直工作。

一天夸父想去找太阳，跟他谈谈。

夸父 Kuāfù *Kuafu*
追 zhuī *to run after, to chase after*
巨人 jùrén *giant*
躺 tǎng *to lie down*
失望 shīwàng *desperate*
谈 tán *to speak*

太阳看见夸父向他走来非常害怕，开始在天上跑，夸父看见太阳跑就去追。夸父跑得快，太阳也跑得快。

他们跑啊跑，跑了很多天，夸父累了，太阳也累了。可是，为了让人们永远有光明，夸父不能停下来，他继续追太阳。

他跑过了很多山，也跑过了很多河，太阳离他越来越近了。可是，这时夸父太热了，也特别渴，身体里像有一团火。

他跑去喝河里的水，河水很快被喝完了。他跑去喝湖里的水，湖里的水也很快被喝完了。夸父没有水喝了，就倒了下来，死了。夸父死后，他的手杖变成了一片桃树林。

他的朋友们都很难过，他们知道夸父是为了他们才死的，大家都哭了。其实，夸父没有死，他还活在朋友们的心里，他们都认为夸父是个勇敢的人。

光明 guāngmíng *light*
继续 jìxù *to continue*
手杖 shǒuzhàng *walking stick*
桃 táo *peach*
活 huó *to live, to be alive*
勇敢 yǒnggǎn *courageous*

Activities
练习

1. Put the sentences into the correct order.

整理句子

a. ☐ 太阳看见夸父向他走来非常害怕。

b. ☐ 人们害怕黑夜，所以请太阳不要落到西边山的后边。

c. ☐ 夸父看见太阳跑就去追他。

d. ☐ 夸父没有水喝了，就倒了下来，死了。

e. ☐ 夸父去找太阳，跟他谈谈。

f. ☐ 太阳离夸父越来越近了，夸父太热了。

g. ☐ 夸父还活在朋友们的心里。

2. Complete the sentences with the missing words.

选词填空

失望	勇敢	难过	长	累	黑

1. 夸父很高，很有力气，也很 …………… 。
2. 冬天的夜晚又 …………… 又 …………… 。
3. 太阳工作一天后觉得很 …………… 。
4. 太阳走了以后，人们都觉得很 …………… 。
5. 夸父死了以后，他的朋友们都很 …………… 。

3. Look at the picture on page 39 and tell the story briefly.

看图说故事

愚公移山

▶ 11

很久很久以前，有两座山，一座叫太行山，一座叫王屋山。山下住着一个老人，名字叫愚公，意思是傻老头。愚公很老了，头发和胡子都是白的。

有一天，愚公不高兴了。他的孩子们都很关心他，他们担心地问爸爸怎么了。愚公说："你们看，我们家门前有两座大山，影响了家人的生活，我们出门很不方便。"老人又说："为什么我们不能把这两座山挖了？这样我们就可以想去哪儿就去哪儿了！"

老人的儿子们都很爱他，他们都同意愚公的话，说："爸爸想的都是对的，那我们开始挖山吧！"

愚公 Yúgōng *Yugong*
移 yí *to move*
太行 Tàiháng *Taihang*
王屋 Wángwū *Wangwu*
傻 shǎ *stupid*
老头 lǎotóu *old man*
挖 wā *to dig*

第二天，愚公和他的儿子还有孙子很早就起来了，他们拿着工具开始挖山了。邻居家有个小孩也跑来帮忙。

愚公有个邻居叫智叟，意思是聪明的老人。智叟看到愚公一家每天都很忙，就问他们说："你们到底在做什么？"愚公笑着回答："我们要把这两座山挖了。"

智叟惊奇地说："你真傻，这么大的两座山，你怎么能挖掉呢？"

愚公说："没关系，我死了，还有儿子，儿子死了还有孙子，只要我们一代一代一直挖，就能把山挖掉。"

山神听到这些话很害怕，就告诉了玉帝，玉帝觉得愚公是个很勇敢、很有毅力的老人，就让山神把这两座山搬走了。

孙子 sūnzi *nephew*
工具 gōngjù *tool*
智叟 Zhìsǒu *Zhisou*
到底 dàodǐ *in the end*
惊奇 jīngqí *surprised*
只要 zhǐyào *if only, so long as*
代 dài *generation*
玉帝 Yùdì *Jade Emperor*
毅力 yìlì *determination*

Activities
练习

1. Answer the following questions.
回答问题

1. 愚公想做什么？为什么？
2. 他的邻居觉得这是个好主意 zhǔyi (idea) 吗？为什么？
3. 愚公的性格 xìnggé (character) 怎么样？他认为怎样做就能把山挖掉？
4. 愚公成功 chénggōng (to succeed) 了吗？怎么成功的？请讲一下。

2. Complete the dialogue with the following words.
选词填空

勇敢	挖	座	对	只要

1. 愚公："为什么我们不能把这两座山…………了？这样我们就可以想去哪儿就去哪儿了！"
2. 愚公的儿子："爸爸想的都是…………的，那我们开始吧！"
3. 智叟："你怎么能把这么大的两…………山挖掉呢？"
4. 愚公："我死了，还有儿子，儿子死了还有孙子，…………我们一代一代一直挖，就能把山挖掉。"
5. 玉帝："愚公是个很…………、很有毅力的老人。"

End of Chapter Activities

单元练习

1. **Answer the following questions.**

回答问题

1. 精卫为什么恨大海?
2. 夸父是谁？他想做什么？
3. 夸父是怎么死的？
4. 愚公为什么想移山？
5. 玉帝为什么让山神把愚公家门前的山搬走？

2. **Put a suitable classifier in each space and write in pinyin.**

用量词填空

1. 一 .... 山 ....
2. 一 .... 浪 ....
3. 一 .... 小鸟 ....
4. 一 .... 火 ....
5. 一 .... 桃树林 ....

▶ 12 **3.** **Dictation: Listen to the recording and write it in characters.**

听写：请认真听录音，写出录音的内容

....

....

....

....

....

4. Look at the picture and tell the story briefly.

5. Give personal answers to the following questions.

回答问题

1. 你喜欢不喜欢大海？你常常去海边吗？你在海边喜欢做什么？
2. 你喜欢和动物在一起吗？你最喜欢什么动物？你有宠物 chǒngwù (pets) 吗？ 介绍一下。
3. 夸父很喜欢帮助人，也很勇敢：你认识和他一样的人吗？介绍一下。
4. 愚公这个名字的意思是傻老头，但是玉帝觉得他是个很勇敢、很有毅力的人。你呢？你觉得愚公怎么样？
5. 这三个勇气和毅力的故事中你最喜欢哪个？为什么？介绍一下故事的内容。

4. 牛郎 织女

▶ 13

很久很久以前，有个男孩，他的父母都死了。他住在牛棚里，所以大家都叫他牛郎。

牛郎长大了，牛也老了。有一天老牛突然开口说话了，它告诉牛郎有七个仙女常常去一个湖里洗澡。

牛郎找到了那个湖，他把草地上红色的衣服拿了起来，然后藏在树后。仙女们洗完澡，都穿上衣服飞走了，只有最小的仙女—织女找不到衣服，着急得哭了。这时牛郎从树后走了出来，把衣服还给了织女。他问织女："你愿意和我一起生活吗？我会让你幸福!"织女同意了，跟牛郎回到了他的牛棚。

牛郎 Niúláng *Cowherd*
织女 Zhīnǚ *Weaver Girl*
父母 fùmǔ *parents*
牛棚 niúpéng *stable*
仙女 xiānnǚ *fairy*
藏 cáng *to hide*
幸福 xìngfú *happy*

牛郎和织女很努力，慢慢地，他们有了自己的房子，还有了一个聪明的儿子和可爱的女儿，幸福地生活着。

一天，织女的妈妈王母娘娘发现自己的小女儿和地上的一个男人结婚了，王母娘娘很生气，就去把女儿带回了天上。可是牛郎和孩子们不想让织女回天上，所以就在后面追，马上就要追上了，这时，王母娘娘在他们前面变出一条河—银河，牛郎和孩子们过不去了。

牛郎和孩子们每天都在银河边哭。他们不想回家，没有织女，家也就没有了。时间久了，王母娘娘也觉得很难过，就同意让牛郎和织女每年见一次面。

这一天，喜鹊都飞到天上，它们在银河上为牛郎织女架起一座鹊桥，让牛郎和织女在桥上见面。这一天就是农历的七月七日，叫七夕，是中国的情人节。

房子 fángzi *house*
王母娘娘 Wángmǔ niángniang *Queen Mother of the West*
银河 Yínhé *Milky Way*
过不去 guòbuqù *to be unable to pass*
喜鹊 xǐquè *magpie*
架起 jiàqǐ *to build*
桥 qiáo *bridge*
农历 nónglì *lunar calendar*
七夕 Qīxī Qixi *(literally "Seventh evening")*
情人节 Qíngrénjié *Valentine's Day*

Activities
练习

1. **Answer the following questions.**

回答问题

1. 织女是谁的女儿？
2. 牛郎和织女是在哪里认识的？
3. 牛郎怎么知道有七位仙女常常去湖里洗澡的？
4. 牛郎和织女结婚了，生了两个孩子，生活得很幸福，可是王母娘娘高兴吗？
5. 为了不让牛郎和孩子们追上，王母娘娘做了什么？
6. 牛郎和织女每年什么时候见面？在哪里见面？
7. 七夕节是中国的什么节？是哪一天？

2. **Put the pictures into the correct order and tell the story you have read.**

按顺序排列图片并讲述相关的故事

1. 
2. 
3. 
4. 

3. **Put the words into the correct order to make sentences.**

连词成句

1. 生活　我　你　吗　和　愿意　一起

....

2. 让　幸福　我　你　会

....

嫦娥奔月

▶ 14

远古的时候，有十个太阳，它们是十只火鸟。那时候，每天都有一个太阳上班，其他的在家休息。可是，有一天他们决定一起出来，这样就把地上所有的草，树和花都被烧死了。

为了救大家，一个叫后羿的年轻人用弓箭射死了九个太阳。最后一个太阳太害怕了，就藏到山后边不出来了。

为了让太阳出来，人们找到了公鸡，公鸡一唱歌，太阳就出来了。从那天开始，每天早上公鸡都唱歌，太阳也就每天都出来工作了。

嫦娥 Cháng'é *Chang'e*
奔 bèn *to fly*
所有 suǒyǒu *all*
救 jiù *to save*
后羿 Hòuyì *Houyi*
弓箭 gōngjiàn *bow and arrows*
射 shè *to shoot*
公鸡 gōngjī *rooster*

后来，为了感谢后羿，王母娘娘送给了后羿和他的妻子嫦娥一颗仙药，一人一半，吃了就可以变成神仙，不会死了。但是，这颗药必须在八月十五的夜里月圆的时候吃。

八月十五那天夜里，嫦娥在家等后羿回来，可是后羿很晚了都没回来。嫦娥想尝尝药，可是不小心把药都吃了。她的身体越来越轻，飞了起来，飞到了月亮上。

后羿回来了，发现了这件事很难过。他在月亮下面放了一张桌子，上面放着嫦娥喜欢吃的东西，深情地叫着嫦娥的名字。可是嫦娥再也回不来了，她一个人住在月亮上，只有和她一起飞到月亮上的小兔子跟她在一起。

嫦娥奔月的那天是农历的八月十五，人们叫它中秋节。有人说，这天晚上在葡萄架下，可以听到后羿和嫦娥说悄悄话。■

仙药 xiānyào *long life elixir*
神仙 shénxian *immortal*
圆 yuán *round*
深情 shēnqíng *deep feeling*
兔子 tùzi *rabbit*
葡萄架 pútaojià *vine pergola*
悄悄话 qiāoqiaohuà *whispers (between lovers)*

Activities
练习

1. Match in an appropriate way.

读词语并连线

1. □ 远古的时候，有十个太阳，所以
2. □ 最后一个太阳藏到山后边不出来了，所以
3. □ 王母娘娘想感谢后羿，所以
4. □ 后羿很晚了都没回来，所以
5. □ 嫦娥把药都吃了，所以
6. □ 后羿很难过， 所以

a. 给了他一颗仙药
b. 后羿射死了九个太阳
c. 飞了起来，飞到了月亮上
d. 在月亮下面放了嫦娥喜欢吃的东西
e. 人们找到了公鸡
f. 嫦娥决定尝尝药

2. Complete the sentences correctly.

完成句子

1. 很久以前天上有
   a. □ 十个太阳　　b. □ 九个太阳
2. 为了感谢后羿，王母娘娘给了他
   a. □ 一颗仙药　　b. □ 一只公鸡
3. 吃了仙药以后，嫦娥
   a. □ 飞到了太阳上　　b. □ 飞到了月亮上
4. 月亮上
   a. □ 只有她　　b. □ 还有一只兔子

End of Chapter Activities
单元练习

▶ 15 **1. Listen, then answer the following questions.**

回答问题

1. 中国的情人节也叫什么？是什么时候？为什么？
2. 牛郎和织女每年在哪儿见面？
3. 中秋节是什么时候？为什么？
4. 王母娘娘为什么想感谢后羿？
5. 嫦娥为什么飞到了月亮上？

2. The information below is from other versions of the stories. Indicate which information isn't present in the versions you've read.

课文中没有哪些句子？

1. ☐ 老牛对牛郎说："用我的皮做成鞋子，你穿上就可以飞了，把织女找回来。"
2. ☐ 王母娘娘听到哭声，觉得很难过，就同意让牛郎和织女每年见一次面。
3. ☐ 为了不让仙药落到坏人手里，嫦娥把药都吃了。
4. ☐ 后羿在月亮下面放了一张桌子，上面放着嫦娥喜欢吃的东西。
5. ☐ 中秋节也叫团圆节。
6. ☐ 跟嫦娥一起飞上月亮的兔子叫玉兔。

3. **Complete the following sentences with a suitable linking expression. (为了，因为，然后，所以，就).**

完成句子

1. 很久很久以前，有个男孩，他的父母都死了，他住在牛棚里，……… 大家都叫他牛郎。
2. ……… 不让牛郎和孩子们过去，王母娘娘变出了银河。
3. 王母娘娘很生气 ……… 自己的小女儿和地上的一个男人结婚了。
4. 最后一个太阳太害怕了，……… 藏到山后边不出来了。
5. 嫦娥吃了仙药，………飞了起来，飞到了月亮上。

4. **Look at the picture and tell the story briefly.**

看图说故事

5. **Give personal answers to the following questions.**

回答问题

1. 西方的情人节也叫什么？是什么时候？
2. 西方也有中秋节吗？
3. 中秋节的晚上月亮怎么样？你知道中秋节的晚上中国人做什么吗？
4. 你最喜欢的节日是什么？那一天你做什么？
5. 你喜欢《牛郎织女》的故事还是《嫦娥奔月》的故事？介绍一下。

Glossary
词语表

拔 bá *to take away, to extract*
奔 bèn *to fly*
变 biàn *to change*
变成 biànchéng *to become*
补 bǔ *to patch up*
部落 bùluò *tribe*
藏 cáng *to hide*
尝 cháng *to taste*
沉 chén *to crash, to collapse*
撑 chēng *to support*
传说 chuánshuō *legend, they say that*
打结 dǎ jié *to make a knot*
打雷 dǎ léi *to thunder*
打不过 dǎbuguò *to be unable to defeat*
打起来 dǎqǐlai *to start to fight*
代 dài *generation*
倒 dǎo *to fall*
到底 dàodǐ *in the end*
掉 diào *to fall*
动 dòng *to move*
洞 dòng *hole*
肚子 dùzi *abdomen*
发明 fāmíng *to invent*
发生 fāshēng *to happen*
翻 fān *to capsize*
方法 fāngfǎ *method*
房子 fángzi *house*
符号 fúhào *symbol*
斧子 fǔzi *axe*
父母 fùmǔ *parents*
公鸡 gōngjī *rooster*
弓箭 gōngjiàn *bow and arrows*
工具 gōngjù *tool*
光明 guāngmíng *light*
锅 guō *pot*
过不去 guòbuqù *to be unable to pass*
汗 hàn *sweat*
汗毛 hànmáo *hairs*
合 hé *to join*
很久 hěn jiǔ *a long time*
恨 hèn *to hate*
呼吸 hūxī *breath*
蝴蝶 húdié *butterfly*
湖泊 húpō *lakes*
胡子 húzi *beard*
糊 hù *mixture*
划 huá *to row*
挥 huī *to disperse*
活 huó *to live, to be alive*
记不住 jìbuzhù *to be unable to remember*
记下来 jìxiàlai *to memorise*
继续 jìxù *to continue*
加 jiā *to add*
架起 jiàqǐ *to build*
搅 jiǎo *to mix*
脚印 jiǎoyìn *footprint*
解毒 jiě dú *to disintoxicate*
惊奇 jīngqí *surprised*
救 jiù *to save*
巨人 jùrén *giant*
砍破 kǎnpò *to break*
看病 kàn bìng *to visit*
浪 làng *wave*
老头 lǎotóu *old man*
雷 léi *thunder*
力气 lìqi *strength*
粮食 liángshi *cereals*
落 luò *to fall*
蜜蜂 mìfēng *bee*
泥巴 níbā *mud*
牛棚 niúpéng *stable*
农历 nónglì *lunar calendar*
女神 nǚshén *goddess*
皮肤 pífū *skin*
飘 piāo *to float*
葡萄架 pútaojià *vine pergola*
七夕 Qīxī *Qixi (literally "Seventh evening")*
悄悄话 *qiāoqiaohuà whispers (between lovers)*
桥 qiáo *bridge*
情人节 Qíngrénjié *Valentine's Day*
扔 rēng *to throw*
融化 rónghuà *to melt*
杀 shā *to kill*
沙滩 shātān *beach*
傻 shǎ *stupid*
晒 shài *to sunbathe*
闪电 shǎndiàn *to flash with lightning*
烧 shāo *to cook*
射 shè *to shoot*

深情 shēnqíng *deep feeling*
神仙 shénxian *immortal*
生活 shēnghuó *to live*
绳子 shéngzi *rope*
失望 shīwàng *desperate*
虱子 shīzi *louse*
石头 shítou *stone*
首领 shǒulǐng *chief*
手杖 shǒuzhàng *walking stick*
狩猎 shòuliè *to hunt*
树枝 shùzhī *branch*
死 sǐ *to die*
孙子 sūnzi *nephew*
所有 suǒyǒu *all*
谈 tán *to speak*
躺 tǎng *to lie down*
桃 táo *peach*
藤子 téngzi *stick*
填(平) tián *(píng) to fill up*
停 tíng *to anchor, to stop*
痛苦 tòngkǔ *pain, suffering*
透明 tòumíng *transparent*
兔子 tùzi *rabbit*
挖 wā *to dig*
危险 wēixiǎn *dangerous*
乌龟 wūguī *tortoise*
喜鹊 xǐquè *magpie*
仙女 xiānnǚ *fairy*
仙药 xiānyào *long life elixir*
幸福 xìngfú *happy*
血 xuè *blood*
血管 xuèguǎn *blood vessel*
牙 yá *tooth*
夜里 yèli *at night*
叶子 yèzi *leaf*
移 yí *to move*
毅力 yìlì *determination*
勇敢 yǒnggǎn *courageous*
永远 yǒngyuǎn *forever*
有毒 yǒu dú *poisonous*
于是 yúshì *so*
圆 yuán *round*
远古 yuǎngǔ *ancient times*
云 yún *cloud*
造 zào *to create*
眨 zhǎ *to wink*
只要 zhǐyào *if only, so long as*
治病 zhì bìng *to cure*
种地 zhòng dì *to grow*
装扮 zhuāngbàn *to disguise oneself*
撞 zhuàng *to hit hard*
追 zhuī *to run after, to chase after*
子孙 zǐsūn *descendants*
祖先 zǔxiān *ancestors*

Proper Names
专名

不周 Bùzhōu *Buzhou*
仓颉 Cāngjié *Cangjie*
嫦娥 Cháng'é *Chang'e*
共工 Gònggōng *Gonggong*
后羿 Hòuyì *Houyi*
黄帝 Huángdì *Yellow Emperor*
精卫 Jīngwèi *Jingwei*
夸父 Kuāfù *Kuafu*
牛郎 Niúláng *Cowherd*
女娲 Nǚwā *Nüwa*
女娃 Nǚwá *Nüwa*
盘古 Pángǔ *Pangu*
上帝 Shàngdì *God*
神农 Shénnóng *Shennong*
太行 Tàiháng *Taihang*
王母娘娘 Wángmǔ niángniang *Queen Mother of the West*
王屋 Wángwū *Wangwu*
炎帝 Yándì *Yandi*
银河 Yínhé *Milky Way*
愚公 Yúgōng *Yugong*
玉帝 Yùdì *Jade Emperor*
织女 Zhīnǚ *Weaver Girl*
智叟 Zhìsǒu *Zhisou*
祝融 Zhùróng *Zhurong*

Test yourself
综合练习

1. What did the parts of Pangu's body give rise to?
盘古的身体变成了什么?

1. ☐ breath
2. ☐ body
3. ☐ sweat
4. ☐ blood
5. ☐ voice
6. ☐ teeth
7. ☐ hair
8. ☐ eyes
9. ☐ blood vessels
10. ☐ hairs and skin

a. 路
b. 石头
c. 雨
d. 花草树木
e. 雷
f. 江河和湖泊
g. 山
h. 风和云
i. 太阳和月亮
l. 星星

2. Put the words into the correct order to make sentences.
连词成句

1. 的 发现 织女 了 男人 结婚 一 个 王母娘娘 和 地上

....

2. 没有 没有 家 织女 了 就 也

....

3. 上 架起 喜鹊 在 一座桥 银河

....

3. **Link in an appropriate way.**

读词语并连线

1. ☐ 愚公的意思是
2. ☐ 智叟的意思是
3. ☐ 愚公的儿子
4. ☐ 愚公家门前有
5. ☐ 愚公家门前的大山

a. 很爱愚公
b. 两座大山
c. 影响家人的生活
d. 聪明的老人
e. 傻老头

4. **Correct the following statements.**

根据课文内容改正句子

1. 炎帝是人们的老师。 ....
2. 每种草都有治病的作用。 ....
3. 尝每种草没有危险。 ....

5. **Read the words and match them to the right picture, then write them in pinyin.**

读词语选图片

1. ☐ 兔子
2. ☐ 夜里
3. ☐ 公鸡
4. ☐ 弓箭

a.

....

c.
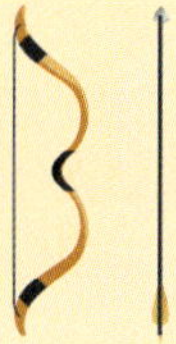
....

b.

....

d.

....

6. **Play with your classmates: Throw the dice and move your token to the right space: say the name of the object that you see and answer the question you see written there. If you make a mistake, you miss a turn. The winner is the first to arrive at space number 10.**

小游戏

1

2

嫦娥的丈夫是谁？

3

4

仓颉做了什么？

5

6
牛郎的妻子是谁？

7

8
织女的妈妈是谁？

9

10
女娃死了以后变成了什么？

Syllabus
语言点

中国传说 - In this book, Chinese Legends, the syllabus of the HSK3 linguistic certificate exam has been used as a reference point. However, it has been necessary to add other lexis and grammatical structures, which can be found in the glossary, written in pinyin and translated. New words are only mentioned the first time they appear in the text and from then on, students are expected to memorise them. Only an extremely small number of characters and structures that are beyond HSK3 competences has not been highlighted, as they are thought to be easily understood or superfluous to the translation, as in the case of some measure words or directional complements.

In particular, to be able to read the text easily, readers should know:

- causative, temporal, final and hypothetical propositions (only with 如果)
- pivotal sentences
- aspectual particles 了, 过 e 着
- the structure 是……的
- the structure 一……就
- the structure 不但……而且
- the structure 越……越
- the structure 又……又
- the prepositions 被 e 把
- degree complement
- nominal measure words
- verbal measure words
- reduplication of verbs and adjectives
- comparative degrees of adjective
- complement of result